RÈGLEMENT

SUR LA

Circulation des Automobiles

SUIVI DES

Instructions et Circulaires pour son application

PARIS
HENRI CHARLES-LAVAUZELLE
Éditeur militaire
10, Rue Danton, Boulevard Saint-Germain, 118

(MÊME MAISON A LIMOGES)

RÈGLEMENT

SUR LA

CIRCULATION DES AUTOMOBILES

RÈGLEMENT

SUR LA

Circulation des Automobiles

SUIVI DES

Instructions et Circulaires pour son application

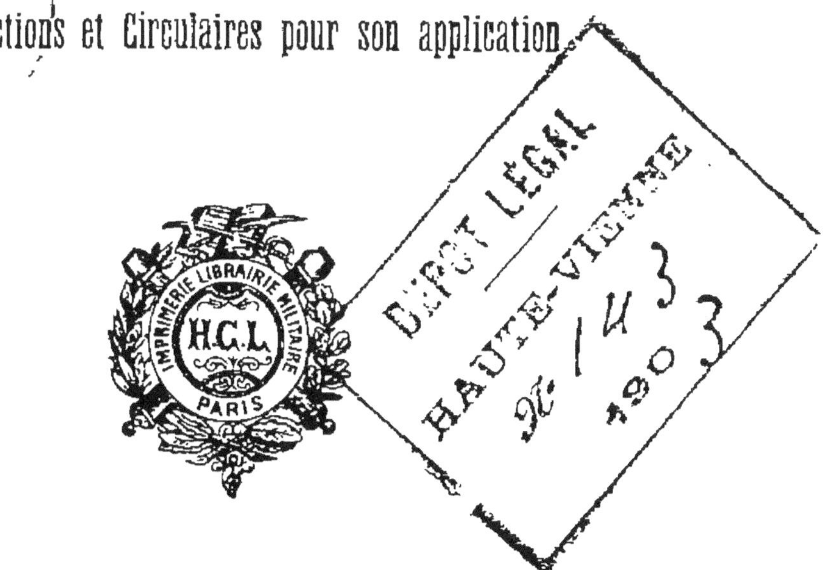

PARIS
HENRI CHARLES-LAVAUZELLE
Éditeur militaire
10, Rue Danton, Boulevard Saint-Germain, 118

(MÊME MAISON A LIMOGES)

RÈGLEMENT

SUR LA

CIRCULATION DES AUTOMOBILES

Décret portant règlement relatif à la circulation des automobiles.

Le Président de la République française,

Sur le rapport des ministres de l'intérieur et des travaux publics ;

Le Conseil d'Etat entendu,

Décrète :

Art. 1er. — Est soumise aux prescriptions du présent règlement, la circulation, sur la voie publique, des véhicules à moteurs mécaniques autres que ceux servant à l'exploitation des voies ferrées.

SECTION I

Automobiles avec ou sans avant-train moteur, à boggie ou non, circulant isolément.

TITRE I

MESURES DE SURETÉ

Art. 2. — Les réservoirs, tuyaux et pièces quelconques destinés à contenir des produits explosifs ou inflammables seront construits de façon à ne laisser échapper ni tomber aucune matière pouvant causer une explosion ou un incendie.

Art. 3. — Les appareils devront être disposés de telle manière que leur emploi ne présente aucune cause particulière de danger et ne puisse ni effrayer les chevaux ni répandre d'odeurs incommodes.

Art. 4. — Les organes de manœuvre

seront groupés de façon que le conducteur puisse les actionner sans cesser de surveiller sa route.

Rien ne masquera la vue du conducteur vers l'avant, et les appareils indicateurs qu'il doit consulter seront placés bien en vue et éclairés la nuit.

Art. 5. — Le véhicule devra être disposé de manière à obéir sûrement à l'appareil de direction et à tourner avec facilité dans les courbes de petit rayon. Les organes de commande de la direction offriront toutes les garanties de solidité désirables.

Les automobiles dont le poids excède 250 kilogrammes seront munis de dispositifs permettant la marche en arrière.

Art. 6. — Le véhicule devra être pourvu de deux systèmes de freinage distincts, suffisamment efficaces, dont chacun sera capable de supprimer automatiquement l'action motrice du moteur ou de la maîtriser.

L'un au moins de ces systèmes agira directement sur les roues ou sur les couronnes immédiatement solidaires de celles-ci, et sera capable de caler instantanément les roues.

L'un de ces systèmes ou un dispositif spécial permettra d'arrêter toute dérive en arrière.

Dans le cas d'un véhicule à avant-train moteur à boggie, l'un de ces systèmes de freinage à la disposition du mécanicien devra pouvoir agir sur les roues arrière du véhicule.

Art. 7. — La constatation que les voitures automobiles satisfont aux diverses prescriptions ci-dessus sera faite par le service des mines, sur la demande du constructeur ou du propriétaire. Pour les voitures construites en France, le fabricant devra demander la vérification de tous les types d'automobiles qu'il a établis ou établira. Pour les voitures de provenance étrangère, l'examen sera fait, avant la mise en service en France, sur le point du territoire désigné par le propriétaire de la voiture.

Lorsque le fonctionnaire des mines délégué à cet effet aura constaté que la voiture présentée satisfait aux prescriptions réglementaires, il dressera de ses opérations un procès-verbal dont une expédition sera remise soit au constructeur, soit au propriétaire, suivant le cas.

Le constructeur aura la faculté de livrer au public un nombre quelconque de voitures suivant chacun des types qui auront été reconnus conformes au règlement. Il donnera à chacune d'elle un numéro d'ordre dans la série à laquelle elle appartient, et il devra remettre à l'acheteur une copie du procès-verbal et un certificat attestant que la voiture livrée est entièrement en conformité du type.

Chaque voiture portera en caractères bien apparents :

1° Le nom du constructeur, l'indication du type et le numéro d'ordre dans la série du type ;

2° Le nom et le domicile du propriétaire.

En cas de refus par les ingénieurs des mines de dresser un procès-verbal constatant que le véhicule présenté satisfait aux prescriptions réglementaires, les intéressés pourront faire appel au ministre des travaux publics, qui statuera après avis de la commission centrale des machines à vapeur.

TITRE II

MISE EN CIRCULATION

Art. 8. — Tout propriétaire d'un automobile devra, avant de le mettre en circulation sur les voies publiques, adresser au préfet du département où il réside une déclaration dont il lui sera remis récépissé. Cette déclaration sera communiquée sans délai au service des mines.

Art. 9. — La déclaration fera connaître le nom et le domicile du propriétaire.

Elle sera accompagnée d'une copie du procès-verbal dressé en vertu de l'article 7.

Art. 10. — La déclaration faite dans un département suffira pour toute la France.

TITRE III

CONDUITE ET CIRCULATION

Art. 11. — Nul ne pourra conduire un automobile s'il n'est porteur d'un certificat de capacité délivré par le préfet du département de sa résidence, sur l'avis favorable du service des mines.

Un certificat de capacité spéciale sera institué pour les conducteurs de motocycles d'un poids inférieur à 150 kilogrammes.

Art. 12. — Le conducteur d'un automobile sera tenu de présenter à toute réquisition de l'autorité compétente :

1° Son certificat de capacité ;

2° Le récépissé de déclaration du véhicule.

Art. 13. — Les divers organes du mécanisme moteur, les appareils de sûreté, la commande de la direction, les freins et leurs systèmes de commande, ainsi que les transmissions de mouvement et les essieux, seront constamment entretenus en bon état.

Le conducteur devra vérifier fréquemment par l'usage le bon état de fonctionnement des deux systèmes de freinage.

Art. 14. — Le conducteur de l'automobile devra rester constamment maître de sa vitesse. Il ralentira ou même arrêtera le mouvement toutes les fois que le véhicule pourrait être une cause d'accident, de désordre ou de gêne pour la circulation.

La vitesse devra être ramenée à celle d'un homme au pas dans les passages étroits ou encombrés.

En aucun cas, la vitesse n'excèdera celle de 30 kilomètres à l'heure en rase campagne et de 20 kilomètres à l'heure dans les agglomérations, sauf l'exception prévue à l'article 31.

Art. 15. — L'approche du véhicule devra être signalée, en cas de besoin, au moyen d'une trompe.

Tout automobile sera muni, à l'avant, d'un feu blanc et d'un feu vert.

Art. 16. — Le conducteur ne devra jamais quitter le véhicule sans avoir pris les précautions utiles pour prévenir tout accident, toute mise en route intempestive, et pour supprimer tout bruit du moteur.

SECTION II

Automobiles remorquant d'autres véhicules

TITRE IV

MESURES DE SURETÉ

Art. 17. — Les automobiles remorquant d'autres véhicules ne pourront circuler sur les voies publiques qu'autant qu'ils satisferont, en ce qui concerne les appareils moteurs, les organes de transmission, de freinage et de conduite, aux prescriptions des articles 2, 3, 4, 5, 6 du présent règlement.

Art. 18. — Indépendamment des freins de l'automobile prévus par l'article 6, chaque véhicule remorqué sera muni d'un système de freins suffisamment efficace et rapide, susceptible d'être actionné soit par le mécanicien à son poste sur l'automobile, soit par un conducteur spécial.

Art. 19. — Les véhicules remorqués porteront en caractères bien apparents le nom et le domicile du propriétaire.

Art. 20. — Aucun automobile destiné à remorquer d'autres véhicules ne pourra être mis en service qu'en vertu d'une autorisation du préfet, délivrée après avis du service des mines.

Le fonctionnaire délégué à cet effet visitera l'automobile et pourra procéder à des essais ayant pour but de constater qu'il ne présente aucune cause particulière de danger en raison du service auquel il est destiné.

L'autorisation délivrée à la suite de ces vérifications sera valable pour tous les départements.

TITRE V

MISE EN CIRCULATION

Art. 21. — Nul ne pourra faire circuler dans un département des automobiles remorquant d'autres véhicules sans une autorisation délivrée par le préfet de ce département, après avis soit de l'ingénieur en chef des ponts et chaussées, soit de l'agent voyer en chef, ou de ces deux chefs de service, suivant la nature des routes et chemins empruntés.

La demande devra indiquer :

1° Les routes et chemins que le pétitionnaire a l'intention de suivre ;

2° Le poids de l'automobile, celui de chacun des véhicules chargés et la charge maxima par essieu ;

3° La composition habituelle des trains et leur longueur totale.

Art. 22. — L'autorisation déterminera les conditions particulières de sécurité auxquelles le permissionnaire sera soumis indépendamment des prescriptions générales du présent règlement.

Les intéressés pourront faire appel de la décision du préfet devant le ministre des travaux publics, qui statuera après avis de la commission centrale des machines à vapeur.

TITRE VI

CONDUITE ET CIRCULATION

Art. 23. — Tout train portera, la nuit, un feu rouge à l'arrière, sans préjudice du feu blanc et du feu vert prévus par l'article 15.

Art. 24. — La vitesse des trains en marche ne dépassera pas 20 kilomètres à l'heure en rase campagne et 10 kilomètres à l'heure dans les agglomérations.

Art. 25. — Lorsque les freins des véhicules remorqués ne sont pas actionnés par le mécanicien, la manœuvre de ces freins sera confiée à des conducteurs spéciaux dont le nombre sera proportionné à l'importance du convoi, eu égard aux déclivités du parcours et à la vitesse de marche.

Dans tous les cas, des dispositions efficaces seront prises pour empêcher toute dérive en arrière des véhicules remorqués.

Art. 26. — Le stationnement de trains sur la voie publique ne devra, en aucun cas, gêner la circulation ni entraver l'accès des propriétés.

Pour les services publics de voyageurs, les points de stationnement seront désignés par l'arrêté préfectoral d'autorisation.

Art. 27. — La marche, la conduite et l'entretien des automobiles et des véhicules remorqués seront soumis aux prescriptions des articles 11, 12, 13, aux premiers alinéas de l'article 14, ainsi qu'aux articles 15 et 16 du présent règlement.

Art. 28. — Les dispositions du présent règlement, à l'exception des articles 18 à 27, seront applicables aux automobiles remorquant une voiturette dont le poids, voyageur compris, ne dépasse pas 200 kilogrammes, pourvu que les freins soient capables de servir efficacement pour l'ensemble.

SECTION III

TITRE VII

DISPOSITIONS GÉRÉRALES

Art. 29. - Indépendamment des prescriptions du présent règlement, les automobiles demeureront soumis aux dispositions des règlements sur la police du roulage.

Art. 30. — L'appareil d'où procède la source d'énergie sera soumis aux dispositions des règlements sur les appareils du même genre, en vigueur ou à intervenir.

Art. 31. — Les courses de voitures automobiles ne pourront avoir lieu sur la voie publique sans une autorisation spéciale délivrée par chacun des départements intéressés, sur l'avis des chefs des services de voirie.

Cette autorisation ne dispensera pas les organisateurs des courses de demander, au moins huit jours à l'avance pour chacune des communes intéressées, l'agrément du maire. La vitesse pourra excéder celle de 30 kilomètres à l'heure en rase campagne; elle ne pourra, en aucun cas, dépasser celle de 20 kilomètres à l'heure dans les agglomérations.

Art. 32. Après deux contraventions dans l'année, les certificats de capacité délivrés en vertu de l'article 11 du présent règlement pourront être retirés par arrêté préfectoral, le titulaire entendu et sur l'avis du service des mines.

Art. 33. — Les contraventions aux dispositions qui précèdent seront constatées par des procès-verbaux et déférées aux tribunaux compétents, conformément aux dispositions des lois et règlements en vigueur ou à intervenir.

Art. 34. — Les attributions conférées aux préfets des départements par le présent décret sont exercées par le préfet de police dans toute l'étendue de son ressort.

Art. 35. — Les ministres de l'intérieur et des travaux publics sont chargés, chacun en ce qui le concerne, d'assurer l'exécution du présent décret, qui sera publié au *Journal officiel* et inséré au *Bulletin des lois.*

Fait à Paris, le 10 mars 1899.

EMILE LOUBET.

Par le Président de la République :

Le président du conseil,
ministre de l'intérieur et des cultes,
Charles DUPUY.

Le ministre des travaux publics,
C. KRANTZ.

Circulaire du ministre des travaux publics aux préfets, concernant l'application du décret du 10 mars 1899, sur la circulation des automobiles.

Paris, le 10 avril 1899.

Monsieur le Préfet,

J'ai l'honneur de vous adresser ampliation d'un décret, en date du 10 mars 1899, portant règlement relatif à la circulation des automobiles, et je viens vous donner, dans la présente circulaire, en ce qui concerne mon département, les premières instructions qui peuvent vous être nécessaires pour son application.

I. — Par l'expression d'automobiles ou de voitures automobiles du règlement, il faut entendre tous les véhicules à moteur mécanique, quelle que soit leur nature. Ces expressions comprennent donc non seulement les locomotives routières, les automobiles de poids lourd et de poids moyen avec ou sans avant-train moteur, boggie ou non, circulant isolément, ou remorquant d'autres véhicules, mais encore les véhicules légers tels que voiturettes, motocycles, etc... Le règlement ne fait de distinction entre les motocycles d'un poids inférieur à 150 kilogramme et les autres automobiles qu'à l'occasion de la délivrance d'un certificat de capacité spécial aux conducteurs de ces automobiles légers; j'y reviendrai au n° 11 de la présente circulaire.

2. — Le décret du 10 mars 1899 ne modifie en rien, en ce qui concerne la circulation des voitures automobiles, les règlements relatifs à la circulation et au stationnement d'un véhicule, quel qu'il soit, sur la voie publique, non plus que ceux relatifs à l'emploi de la vapeur d'eau ou de toute autre source d'énergie. Le nouveau décret s'ajoute à ces règlements pour les automobiles; il ne les

supprime ni ne les modifie. Les articles 29 et 30 du décret rappellent explicitement ce principe, sur lequel je ne crois pas utile de m'étendre ni de revenir, ne me proposant d'examiner dans la présente circulaire que les dispositions nouvelles, spéciales et additives, résultant du décret du 10 mars.

3. — Il y a lieu de considérer successivement, avec ce décret :

1° Les prescriptions applicables à tous les véhicules sans distinction en ce qui concerne les conditions générales de sûreté auxquelles ils doivent satisfaire pour les appareils moteurs, les organismes de transmission, de freinage et de conduite (art. 2 à 7 et art. 17) ;

2° Les déclarations pour la mise en circulation des véhicules circulant isolément, quel que soit leur type (art. 8 à 10) ;

3° Les certificats de capacité pour la

conduite de ces véhicules (art. 11, 12 et 32) ;

4° Les autorisations pour la mise en circulation des automobiles qui doivent remorquer d'autres véhicules (art. 17 à 28).

Les trois premières catégories de ces mesures relèvent du service des mines; la dernière met en jeu, en outre du service des mines, le service des ponts et chaussées ou celui des agents voyers suivant la nature des routes empruntées par ces véhicules.

Conditions générales de sûreté auxquelles doivent satisfaire tous les véhicules.

4. — Aux termes des articles 7 et 17, le service des mines est appelé à constater que tous les véhicules automobiles, sans distinction de nature et de service, satisfont aux conditions des articles 2 à 6 du décret.

Cette constatation a lieu, aux termes de l'article 7, sur la demande du constructeur ou du propriétaire; les ingénieurs des mines n'ont donc pas d'initiative à prendre à cet égard; ils doivent se borner à procéder aux constatations qui leur sont demandées par les intéressés.

Ces constatations n'ont pas d'ailleurs à être effectuées dans tous les cas sur tous les véhicules pris individuellement; lorsque des véhicules en nombre quelconque sont ou doivent être établis suivant un même type, il suffit que la constatation soit effectuée sur l'un d'eux.

La demande, qui sera adressée directement à l'ingénieur des mines, devra être accompagnée d'une note descriptive du type; cette note devra au besoin comprendre, intercalés dans son texte ou annexés dans celui-ci, les dessins ou croquis nécessaires pour la clarté du texte et la définition complète des diverses parties mécaniques du type auquel appartient le véhicule dont l'examen est demandé.

5. — Par type du véhicule, il faut entendre non seulement la nature de la source d'énergie, le système des appareils moteurs, mais surtout celui des organes de transmission, de freinage et de conduite, ainsi que toutes les dispositions caractérisant la manière dont le véhicule satisfait aux prescriptions des articles 2 à 6. Ainsi, par exemple, peuvent appartenir au même type deux véhicules dont la carrosserie diffère; mais n'appartiendraient pas au même type deux véhicules dont les freins ne présenteraient pas des dispositions entièrement similaires; d'une manière générale, l'unité de type suppose que l'accomplissement de chacune des prescriptions des articles 2 à 6 soit assuré par des moyens semblables et à des degrés équivalents.

Un même type peut comprendre deux

véhicules différant par les dimensions de leurs organes et la puissance de leurs moteurs, pourvu que les différences ne soient pas assez grandes pour altérer la manière dont ces véhicules satisfont aux diverses prescriptions dont il s'agit.

La note descriptive du type devra donc spécifier entre quelles limites de poids et de vitesse pour le véhicule, de puissance pour le moteur, de dimensions caractéristiques pour les organes essentiels, sont ou seront compris les véhicules appartenant au type décrit. Elle fera mention d'une désignation conventionnelle, qui définira sans ambiguïté chacun des types en provenance d'un même constructeur, et qui constituera l'indication du type à inscrire sur chacune des voitures de ce type en exécution de l'article 7 du règlement.

Il n'est pas possible de fixer d'une manière invariable le cadre des notes descriptives à exiger des demandeurs; mais les ingénieurs des mines n'auront pas de difficulté à reconnaître dans chaque cas si la note descriptive fournie à l'appui d'une demande est suffisamment précise ou a besoin d'être complétée, tout en ne perdant pas de vue que lorsqu'un véhicule répondant à la description de cette note aura été soumis à leur examen, et lorsqu'ils auront constaté directement que ce véhicule en particulier satisfait à toutes les prescriptions des articles 2 à 6, il devra s'ensuivre que tout véhicule construit suivant les spécifications de la note sera réputé satisfaire également à ces prescriptions.

Une demande ne sera recevable qu'accompagnée en double expédition d'une note descriptive suffisamment complète et précise, conformément aux règles ci-dessus.

6. — L'ingénieur des mines examinera le véhicule qui lui sera présenté; il s'assurera que chacune des conditions

fixées par les articles 2, 3, 4, 5 et 6 est remplie par ce véhicule. Il devra notamment faire procéder en sa présence, par le demandeur ou par son représentant, à des essais, à des vitesses variées, de marche et de virage. Il aura soin de choisir, pour ces expériences, des voies de déclivités usuelles, très peu fréquentées, et devra faire interrompre l'essai, s'il y a lieu, à l'approche des chevaux ou d'autres animaux donnant des marques d'une frayeur qui pourrait être une cause de danger ou de désordre.

Les vérifications relatives à l'article 6 devront être conduites avec la prudence nécessaire pour éviter les accidents et les avaries inutiles. En même temps, la perfection des moyens de freinage étant d'une utilité essentielle pour la sécurité publique, il faut que ces vérifications soient entièrement démonstratives. On conciliera ces deux conditions en évitant de soumettre de prime abord un véhicule inconnu à un essai d'arrêt brutal en grande vitesse, surtout sur une déclivité exceptionnelle; on procèdera par plusieurs expériences successives suivant un programme gradué de vitesses et de longueurs de parcours après freinage, de manière à renseigner progressivement sur la force de chacun des moyens de freinage et sur leur rapidité d'action, ainsi que sur l'aptitude des divers organes du véhicule à en supporter les réactions.

Les dernières épreuves de ce programme devront d'ailleurs être assez sévères pour donner l'assurance que les moyens de freinage du véhicule essayé, ou de tout autre véhicule du même type supposé en bon état d'entretien, répondront en toutes circonstances aux conditions fixées par l'article 6; il ne faut pas perdre de vue, à cet égard, que, d'après l'ensemble des dispositions des titres I et II du décret, ces véhicules pourront avoir à circuler sur toutes les déclivités des voies publiques de France.

Par moyens de freinage, on peut entendre non seulement les mécanismes produisant le serrage des freins proprement dits, mais encore les actions retardatrices analogues à celles de la contre-vapeur, pourvu que ces actions retardatrices soient suffisamment puissantes et s'exercent de manière à satisfaire exactement toutes les conditions spécifiées à l'article 6.

En cas d'empêchement de l'ingénieur des mines, les constatations pourront être effectuées par un contrôleur des mines ou un inspecteur spécial opérant sur l'ordre et d'après les instructions de l'ingénieur.

7. — Lorsque l'ingénieur des mines ou son délégué aura reconnu que le type du véhicule essayé satisfait à toutes les prescriptions des articles 2 à 6, il sera dressé un procès-verbal de constatation

en utilisant la note descriptive fournie par le demandeur. Il suffira en général, à cet effet, d'inscrire à la suite de cette note : « Il résulte des constatations effectuées le (ici la date des essais), sur le véhicule n°.... du type.... (ici l'indication du type) décrit par la note ci-dessus, que ce type satisfait aux articles 2, 3, 4, 5 et 6 du décret du 10 mars 1899. » Cette attestation, datée et signée par l'ingénieur des mines et marquée d'un numéro correspondant au registre d'ordre de cet ingénieur, est remise à l'intéressé après avoir été visée par l'ingénieur en chef.

La seconde expédition est classée dans les archives de l'ingénieur des mines.

8. — Les explications précédentes visent particulièrement le cas où la demande émane d'un constructeur qui se propose de livrer au public un nombre plus ou moins considérable de véhicules établis en conformité d'un même type.

Il peut arriver qu'un véhicule soit présenté au service des mines, soit par un constructeur, soit par un propriétaire, à titre d'unité isolée, sans intention de voir étendre le bénéfice des constatations à d'autres véhicules analogues. Dans ce cas, la procédure reste en principe la même, mais la formule dont le service des mines aura à faire suivre la note descriptive devient la suivante :

« Il résulte des constatations effectuées le que le véhicule défini par la note ci-dessus satisfait aux articles 2, 3, 4, 5 et 6 du décret du 10 mars 1899. »

9. — Si l'ingénieur en chef des mines, sur le rapport qui devra lui être adressé par l'ingénieur ordinaire, estime que le véhicule présenté ne satisfait pas aux prescriptions réglementaires, il le notifie par lettre motivée au demandeur pour que celui-ci puisse, s'il le juge opportun, exercer le recours prévu par le dernier paragraphe de l'article 7 du règlement.

Aux termes de ce paragraphe, le Ministre ne statue qu'après avoir pris l'avis de la commission centrale des machines à vapeur, dans laquelle je me propose d'appeler des représentants qualifiés de l'automobilisme pour donner encore plus de garanties à la décision à intervenir.

Déclaration pour la mise en circulation de véhicules isolés.

10. — La déclaration qui doit vous être envoyée conformément à l'article 8 du décret doit être dressée sur timbre.

Elle doit faire connaître :

1° Les nom et prénoms du propriétaire ;

2° Son domicile ;

3° Le nom du constructeur ;

4° L'indication du type ;

5° Le numéro d'ordre dans la série du type.

Ces indications devront reproduire

celles qui doivent être portées par la voiture en caractères bien apparents (art. 7 du décret) et doivent concorder avec les indications mentionnées dans la copie du procès-verbal qui doit accompagner la déclaration.

Lorsque vous aurez reconnu que la déclaration est régulière et complète, et, au besoin, après l'avoir faite compléter, vous en donnerez récépissé en délivrant au déclarant une carte dûment remplie par vos soins, dont le modèle est donné en annexe à la présente circulaire (modèle n° 1). Vous serez approvisionné de ces cartes par mon administration suivant les demandes que vous aurez à lui envoyer à temps (division des mines, 1er bureau).

Après inscription du récépissé, sous son numéro, sur le registre spécial qui sera tenu à votre préfecture, vous enverrez la déclaration et la copie du procès-verbal qui y est jointe à l'ingénieur en chef des mines en lui faisant connaître le numéro sous lequel vous avez délivré le récépissé.

Le service des mines portera de son côté sur un registre spécial le nom et le domicile du propriétaire du véhicule déclaré, le nom du constructeur, l'indication du type de ce véhicule et son numéro d'ordre dans la série du type, la date et le numéro d'ordre du procès-verbal accompagnant la déclaration, et l'indication du département dans lequel ce procès-verbal a été dressé.

Ce registre spécial servira de base aux relevés statistiques que je pourrai avoir à demander aux ingénieurs.

Certificats de capacité.

11. — Les candidats au certificat de capacité institué par l'article 11 du décret devront subir devant l'ingénieur des

mines ou son délégué, un examen pratique, afin de faire la preuve qu'ils possèdent la capacité nécessaire.

Cette preuve consistera essentiellement, de la part du candidat, à manœuvrer un véhicule à moteur mécanique de la nature de celui qu'il se propose de conduire, en présence et sous la direction de l'examinateur. L'examinateur aura à apprécier, notamment, la prudence, le sang-froid et la présence d'esprit du candidat, la justesse de son coup d'œil, la sûreté de sa direction, son habileté à varier suivant les besoins la vitesse du véhicule, la promptitude avec laquelle il met en œuvre, lorsqu'il y a lieu, les moyens de freinage et d'arrêt, et le sentiment qu'il a des nécessités de la circulation sur la voie publique.

Une distinction est établie, par l'article 11 du décret, entre les certificats de capacité qui seront délivrés aux conducteurs des motocycles d'un poids inférieur à 150 kilogrammes et ceux afférents aux automobiles. Pour la conduite des motocycles d'un poids inférieur à 150 kilogrammes, l'examinateur se bornera à faire évoluer devant lui le candidat monté sur un motocycle et à apprécier s'il possède à un degré convenable l'expérience et les qualités que je viens de définir.

Pour la conduite des autres véhicules à moteur mécanique, l'examinateur prendra place avec le candidat sur la voiture et lui fera effectuer à diverses vitesses un parcours avec virages, arrêts, application des moyens de freinage, etc., de manière à reconnaître à quel degré il possède cette expérience et ces qualités. De plus, il posera au candidat des questions sur le rôle et l'emploi des divers leviers, pédales ou manettes, sur les opérations préparatoires à la mise en marche du véhicule, sur les moyens de remédier, en cours de route, aux plus simples des incidents qui peuvent faire rester le véhicule en panne.

Il ne saurait être question ici d'examens théoriques; mais il est nécessaire, lorsqu'il s'agit de la conduite d'automobiles autres que les motocycles d'un poids inférieur à 150 kilogrammes, d'interroger le candidat pour s'assurer des connaissances pratiques qu'il possède.

Cela est très important pour la conduite des véhicules munis de moteurs à vapeur d'eau. La conduite d'une pareille machine exige des connaissances spéciales et une attention toute particulière. Le candidat doit alors connaître les conditions de sécurité de l'emploi des générateurs, le rôle et le mode de consultation rationnelle des appareils de sûreté dont ces générateurs doivent être réglementairement pourvus, les précautions à prendre pour vérifier les indications de ces appareils et pour les entretenir en bon état de fonctionnement, les mesures de préservation auxquelles il importe de recourir en cas de manque d'eau, de danger de coup de feu ou d'excès de pression.

Des tempéraments plus ou moins larges à ces règles peuvent être admis suivant les types de générateurs à vapeur d'eau, notamment pour ceux dont l'agencement est tel qu'ils ont pu être dispensés d'un plus grand nombre des appareils de sûreté exigés des règlements sur les appareils à vapeur.

Bien qu'il soit désirable de faire le moins de catégories possible et de donner à chaque certificat de capacité une généralité aussi grande que le permettent les aptitudes et les connaissances de l'impétrant, il sera, en général, tout au moins nécessaire, d'après les observations qui viennent d'être présentées, de spécifier la nature de la source d'énergie des véhicules que le candidat est reconnu apte à conduire, et souvent même de limiter plus étroitement encore, par la désignation d'un système déterminé de véhicules, la portée du certificat, le candidat restant libre de faire étendre les dispositions de son certificat en se faisant examiner pour la conduite de véhicules divers.

12. — Vous délivrerez les certificats de capacité sur les formules dont vous trouverez ci-joint un modèle (modèle n° 2) et dont vous serez approvisionné par mes soins d'après les quantités que vous aurez à demander en temps utile à mon administration (division des mines, 1er bureau).

L'avis favorable du service des mines est obligatoire, aux termes de l'article 11 du décret réglementaire, pour que vous puissiez délivrer le certificat. Mais en la forme cet avis peut et doit être réduit à la transmission qu'aura à vous faire ce service des strictes indications nécessaires pour vous permettre de remplir le certificat, sans qu'il soit besoin qu'elles soient appuyées, sauf cas particulier, par un rapport explicatif. Vous appréciez même, après entente avec M. l'ingénieur en chef des mines, si, pour plus de rapidité et de commodité, les formules de certificats ne pourront pas être avantageusement déposées chez ce chef de service qui normalement pourrait vous transmettre, sous simple bordereau, quand il y aurait lieu, les certificats dûment remplis, que vous n'aurez plus qu'à signer après vérification de leur régularité matérielle.

La formule a été établie de manière que les distinctions nécessaires, conformément à ce qui précède, puissent être faites relativement à la nature des véhicules que l'impétrant aura la faculté de conduire.

Un cadre a été réservé sur le certificat pour recevoir la photographie du titulaire. Le candidat au certificat de capacité devra fournir, soit en formant sa demande, soit lors de l'examen, un exemplaire de sa photographie, d'un format approprié aux dimensions de ce cadre ; cette photographie sera collée sur la formule, par les soins de l'administration, avant la délivrance du certificat; elle sera oblitérée par l'apposition d'un timbre officiel qui empêche la substitution d'une autre photographie.

L'ingénieur en chef tiendra un registre spécial des certificats de capacité délivrés par son intermédiaire ; vous devrez donc l'aviser, en lui faisant connaître le numéro du certificat par vous délivré, de l'approbation de ses propositions dans le cas où le certificat serait délivré directement par vos soins au titulaire au lieu de lui parvenir par l'intermédiaire du service des mines, le tout suivant accord qui sera arrêté après entente entre vous et ce service.

Autorisation de mise en service des automobiles qui doivent remorquer d'autres véhicules.

13. — Il y a lieu de remarquer que dans les automobiles dont traite sous cette rubrique la section II du décret (articles 17 à 28) ne sont pas rangés les automobiles avec avant-train moteur, ou boggie, circulant isolément. Ces derniers véhicules rentrent dans ceux auxquels s'applique la section I, ainsi qu'il résulte de la rubrique même de cette section.

14. — Le service des mines doit vous fournir son avis relativement à chaque demande qui vous sera adressée, en exécution de l'article 20, pour obtenir l'autorisation de mettre en service un véhicule à moteur mécanique destiné à remorquer d'autres véhicules. Vous voudrez bien communiquer chacune des demandes de cette catégorie à l'ingénieur

en chef des mines, qui s'assurera, par lui-même ou par délégation, que le véhicule satisfait d'une part aux prescriptions des articles 2 à 6, d'autre part aux diverses conditions spéciales exigées par les articles 18 à 20.

Le service des mines ayant, aux termes de l'article 20, à assurer que le véhicule ne présente aucune cause particulière de danger en raison du service auquel il est destiné, la demande d'autorisation devra, non seulement définir le véhicule sans ambiguïté, mais encore préciser le service auquel le pétitionnaire le destine.

Les véhicules autorisés conformément à l'article 20 n'ont pas nécessairement besoin du procès-verbal ni du certificat dont il est question à l'article 7 du décret, lequel ne s'applique, en principe, qu'aux véhicules circulant isolément ; il n'y a pas lieu du reste, pour ces véhicules remorqueurs, à la déclaration que les articles 8, 9 et 10 du règlement rendent obligatoire pour les automobiles sans remorque.

15. — De leur côté, l'ingénieur en chef des ponts et chaussées ou l'agent voyer en chef de votre département ont à vous fournir leur avis, chacun en ce qui le concerne, sur les conditions de stabilité des ouvrages d'art situés sur les parties de route ou de chemin indiquées dans la demande formée, en exécution de l'article 21, pour obtenir l'autorisation de faire circuler dans votre département des automobiles remorquant d'autres véhicules.

Cette demande est en principe, et sera souvent en fait, distincte de celle prévue à l'article 20 et tendant à la mise en service d'un véhicule remorqueur. Cependant, lorsque ces deux natures de demandes seront confondues dans une même pétition, si cette pétition fournit d'ailleurs toutes les indications nécessaires, il conviendra, pour éviter une multiplication inutile des formalités, de statuer par une seule et même décision, après avoir pris l'avis des services de voirie intéressés et du service des mines.

Observations générales.

16. — Si les ingénieurs et contrôleurs des mines pour les règles sur les appareils à vapeur et si les fonctionnaires et agents de la voirie pour les dispositions des règlements sur la police du roulage (art. 29 du décret) conservent, avec leurs attributions antérieures, le droit de verbaliser pour assurer l'observation par les automobiles de ces diverses dispositions, le nouveau règlement ne donne pas à ces fonctionnaires et agents le pouvoir de verbaliser pour les mesures nouvelles qu'il édicte. En attendant les lois à intervenir à cet égard (article 33) les contraventions à ces dispositions du règlement du 10 mars 1899 seront consta-

tées par les officiers de police judiciaire, maires, commissaires de police, etc...

17. — Dans quelques départements et villes, des règlements sur la circulation des véhicules à moteur mécanique, autres que ceux servant à l'exploitation des voies ferrées, ont été édictés par l'autorité préfectorale ou municipale. Ces réglementations locales disparaissent *de plano* devant le règlement d'administration publique du 10 mars 1899 en tout ce que celui-ci règle aujourd'hui.

18. — L'arrêté d'un de mes prédécesseurs, en date du 20 avril 1886, relatif à l'emploi des locomotives sur les routes autres que les chemins de fer, est rapporté.

19. — Un certain nombre de véhicules à moteur mécanique, circulant isolément, ont été nantis, par vos soins ou par ceux de l'un de vos collègues, de permis de circulation valables pour un département déterminé. Ces permis devront

désormais être, dans toute la France, considérés comme équivalents au récépissé de la déclaration visée aux articles 8, 9, 10 et 12 du décret du 10 mars 1899. Il est bien entendu que les propriétaires et conducteurs de ces automobiles seront d'ailleurs astreints à toutes les prescriptions des articles 11, 13 à 16, 29 à 35 du décret.

De même les certificats de capacité pour la conduite des véhicules à moteur mécanique, donnés par vous ou par l'un de vos collègues antérieurement à ce jour, seront réputés équivalents, dans toute la France, à ceux institués par l'article 11 du décret réglementaire, sous réserve qu'ils seront réputés ne pouvoir s'appliquer qu'aux types ou espèces de véhicules pour lesquels ils ont été délivrés.

Enfin, les autorisations que vous auriez déjà accordées pour la mise en service et pour la circulation d'automobiles remorquant d'autres véhicules, ne cesseront pas d'être valables. Mais les conditions de circulation, de marche, de conduite et d'entretien de ces remorqueurs seront soumises aux prescriptions des articles 23 à 28, et les dispositions générales du titre VII leur seront également applicables.

20. — Le règlement que je viens de commenter donne aux ingénieurs des mines des pouvoirs considérables, non seulement d'appréciation, mais même de décision. Dans l'exercice de ces nouvelles fonctions, ils devront s'efforcer de concilier les légitimes exigences de la sécurité publique avec les équitables convenances d'une industrie hautement intéressante et qui mérite d'autant plus d'être encouragée qu'elle n'est encore qu'à ses débuts. Comme l'indique l'esprit du décret du 10 mars 1899, on ne doit entraver sa liberté que lorsqu'il devient nécessaire de la sacrifier à des intérêts

plus généraux ou d'un ordre supérieur.

21. — Je vous prie, Monsieur le Préfet, de m'accuser réception de la présente circulaire, dont j'adresse directement ampliation à MM. les ingénieurs des mines et à MM. les ingénieurs des ponts et chaussées.

Recevez, Monsieur le Préfet, l'assurance de ma considération la plus distinguée.

Le Ministre des travaux publics,
C. Krantz.

ANNEXE.

MODÈLE N° 1.

NOTA.

La déclaration faite dans un département suffit pour toute la France (art. 10 du décret du 10 mars 1899).

RÉPUBLIQUE FRANÇAISE.

MINISTÈRE des TRAVAUX PUBLICS | DÉPARTEMENT d

CIRCULATION DES AUTOMOBILES.
(Décret du 10 mars 1899.)

RÉCÉPISSÉ DE DÉCLARATION.

Le Préfet du département d

Vu le décret du 10 mars 1899, portant règlement relatif à la circulation des automobiles, et spécialement les articles 8, 9 et 10 de ce décret,

Certifie avoir reçu une déclaration en date du
par laquelle M. (1)
domicilié à (2)
déclare être propriétaire du véhicule à moteur mécanique défini comme il suit :

Nom du constructeur :

Indication du type :

Numéro d'ordre dans la série du type :

Ladite déclaration a été enregistrée à la préfecture sous le n°

, le 190 .

Le Préfet,

(1) Nom et prénoms.

(2) Indication précise du domicile.

MODÈLE N° 2.

NOTA.

Les certificats de capacité délivrés par le préfet d'un département conformément à l'article 11 du décret du 10 mars 1899, sont valables pour toute la France.

Ils peuvent être retirés après deux contraventions dans l'année (art. 32 dudit décret).

RÉPUBLIQUE FRANÇAISE.

MINISTÈRE des TRAVAUX PUBLICS

DÉPARTEMENT d

CIRCULATION DES AUTOMOBILES.
(Décret du 10 mars 1899.)

Cadre destiné à la photographie du titulaire.

CERTIFICAT

DE CAPACITÉ

valable pour la conduite d (1)

(1) Désigner la nature du ou des véhicules auxquels s'applique le certificat.

Numéro du Certificat.

(1)

—

Le Préfet du département d

Vu le décret du 10 mars 1899 portant règlement relatif à la circulation des automobiles, et spécialement son article 11 ;

Vu l'avis favorable du service des mines,

Délivre à M. (2)
né à (3)
domicilié à (4)
un certificat de capacité pour la conduite d (5)
fonctionnant dans les conditions prescrites par le décret susvisé.

Signature du titulaire :

, le 190 .

Le Préfet,

(1) Numéro du registre spécial de la préfecture.
(2) Nom et prénoms.
(3) Lieu et date de naissance.
(4) Indication précise du domicile.
(5) Désignation de la nature du ou des véhicules à la conduite desquels s'applique le certificat conformément au paragraphe 11 de la circulaire ministérielle du 10 avril 1899.

Circulation des automobiles.

Le Président de la République française,

Sur le rapport du ministre des travaux publics,

Vu la loi du 11 juillet 1880 sur les chemins de fer d'intérêt local et les tramways ;

Vu le décret du 6 août 1881, portant règlement d'administration publique pour l'exécution de l'article 38 de ladite loi ;

Vu, notamment l'article 27, paragraphe 1er, dudit décret, ainsi conçu :

« Toute voiture isolée ou tout train porte extérieurement un feu rouge à l'avant et un feu vert à l'arrière » ;

Vu le décret du 10 mars 1899, réglementant la circulation des automobiles sur route, notamment l'article 15, portant que tout automobile sera muni à l'avant d'un feu blanc et d'un feu vert, et de l'article 23, lequel stipule que tout train portera, la nuit, un feu rouge à l'arrière, sans préjudice du feu blanc et du feu vert, à l'avant, prévus par l'article 15 ;

Le Conseil d'Etat entendu.

Décrète :

Art. 1er. — L'article 27, paragraphe 1er, du décret du 6 août 1881 est modifié ainsi qu'il suit :

« Art. 27. — Toute voiture isolée ou tout train porte extérieurement un feu blanc à l'avant et un feu rouge à l'arrière. »

Fait à Paris, le 25 juillet 1899.

EMILE LOUBET.

Rapport au Président de la République française.

Paris, le 10 septembre 1901.

Monsieur le Président,

L'opinion publique s'est à juste titre émue des accidents trop nombreux résultant de la vitesse exagérée avec laquelle circulent les automobiles. Le règlement du 10 mars 1899, article 14, avait limité cette vitesse à 30 kilomètres à l'heure en rase campagne, et à 20 kilomètres dans les agglomérations, après avoir spécifié que la vitesse devait être notablement réduite, jusqu'à celle de l'homme marchant au pas, dans toutes les circonstances où la prudence le commandait.

Ces sages prescriptions ont été perdues

de vue ; se laissant aller de plus en plus à l'entraînement de la vitesse, des conducteurs d'automobiles se montrent trop peu soucieux de la sécurité des routes et alarment les populations des villages par l'allure immodérée de leur marche ; et il arrive trop souvent qu'après avoir causé un accident, préoccupés d'échapper aux sanctions qui pourraient les atteindre ils se dérobent sans avoir pu être reconnus.

Le gouvernement doit prendre les mesures réclamées par une pareille situation.

Il n'était pas possible d'interdire la mise en service des véhicules capables de marcher à plus de 30 kilomètres à l'heure. Bien que, comme nous aurons occasion de le dire, nous n'ayons plus l'intention d'autoriser des courses sur routes, elles restent légalement possibles encore ; d'autre part, en dehors des voies publiques, sur des terrains privés, sur des pistes, la vitesse n'est pas réglementée. Enfin, si l'on veut pouvoir gravir une rampe d'une allure un peu soutenue, encore qu'inférieure à celle permise par le règlement, le véhicule doit être capable, en palier, de dépasser cette dernière. Interdire en principe la construction d'automobiles marchant à plus de 30 kilomètres à l'heure serait donc une mesure vexatoire qui pourrait nuire au développement et au progrès d'une industrie qui mérite d'être encouragée par les progrès qu'elle réalise presque journellement et le nombre d'ouvriers qu'elle emploie.

Il nous a paru qu'il suffirait, pour l'instant du moins, de prendre les dispositions qui permettraient d'atteindre plus aisément que par le passé les exagérations de vitesse, en facilitant aux agents chargés de la surveillance des voies publiques l'identification des automobiles.

Tel est le but essentiel du règlement

que, après avoir pris l'avis du conseil d'Etat, nous avons l'honneur de vous soumettre pour modifier d'une façon appropriée le règlement du 10 mars 1899.

Désormais les automobiles, quels que soient leurs types ou leurs natures, seront partagés en deux catégories, suivant qu'ils sont capables ou non de marcher en palier à plus de 30 kilomètres à l'heure. Les premiers seuls devront constamment avoir, à l'avant et à l'arrière, de manière à être parfaitement visibles, le jour comme la nuit, des plaques d'identité portant un numéro d'ordre qui leur sera attribué après immatriculation, lors de la déclaration de la mise en service.

Le conseil d'Etat avait pensé que l'on pourrait fixer dans le règlement lui-même les formes, les dimensions et le mode de pose de ces plaques. Il nous a paru préférable de déterminer ces détails par des décisions ministérielles. Des expériences récentes ont montré l'utilité de tenir compte du type et du mode de construction du véhicule ; l'éclairage des numéros pendant la nuit peut soulever certaines difficultés pratiques. Bref, on doit résoudre là des problèmes de construction qui, pour si menus qu'ils paraissent, n'en sont pas moins assez délicats et peuvent recevoir avantageusement des solutions diverses, que la pratique peut amener à modifier assez promptement. Il nous a semblé que le régime des simples décisions ministérielles s'adapterait mieux à cette situation que celui d'un règlement d'administration publique, forcément très rigide.

Pour des raisons analogues nous proposons de résoudre de même les détails sur le mode d'immatriculation et d'attribution aux intéressés des numéros d'identité.

Le règlement laisse, en principe, à la seule responsabilité du constructeur, sous toutes les peines de droit en cas de fausse attestation, le soin de préciser le maximum de vitesse que l'automobile est capable d'atteindre en palier. Il va de soi, toutefois, que le service des mines, lors de la vérification à laquelle il doit procéder en vertu de l'article 7 du décret du 10 mars 1899, devrait refuser l'attestation qu'il doit donner d'après cet article, et qui est nécessaire pour la mise en service d'un véhicule, s'il reconnaissait que sur ce point la déclaration des constructeurs est notoirement inexacte.

Le conseil d'Etat avait également pensé que la revision du décret du 10 mars 1899 devait amener, avec la suppression de son article 31, à interdire désormais les courses de vitesse sur routes. Notre intention est effectivement de n'en plus autoriser à l'avenir ; mais il nous a paru préférable de conserver l'article sans trancher la question de principe, laissant à l'administration la possibilité de l'appliquer, sous sa responsabilité, avec un pouvoir discrétionnaire absolu d'appréciation. Nous avons toutefois modifié l'article 31 pour mieux faire ressortir ce pouvoir.

Nous venons d'examiner les principales mesures qui nous ont paru pouvoir être édictées pour remédier aux dangers suscités par la circulation des automobiles. Il nous reste, par contre, à signaler une facilité nouvelle que le règlement donne à leur industrie avec la modification de l'article 5, paragraphe 2, du décret du 10 mars 1899. A l'époque où il a été rendu, les automobiles se partageaient en deux classes : les motocycles, dont le poids atteignait rarement 200 kilogr., et les voitures de 600 kilogr. et au-dessus. Depuis cette date, pourtant encore si récente, a été créée, dans l'évolution si rapide de cette industrie, la classe intermédiaire des voiturettes, dont le poids ne peut être abaissé au-dessous de 250 kilogr. Le dispositif de marche en arrière serait donc obligatoire. Il en résulte une augmentation de prix préjudiciable au développement de cette classe particulièrement intéressante à divers titres. Or, l'obligation du dispositif de marche en arrière, au moins pour les types légers, n'intéresse pas la sécurité, et la limite fixée à l'article 5 a paru pouvoir être sans inconvénient élevée à 350 kilogr.

Telle est, monsieur le Président, l'économie du règlement que nous avons l'honneur de soumettre à votre signature. Nous nous sommes efforcés de concilier les intérêts de l'industrie des automobiles, sur lesquels nous avons à plusieurs reprises attiré votre attention au cours de ce rapport, avec les intérêts, beaucoup plus importants toutefois, du public qui fréquente les routes. Nous nous plaisons à escompter l'efficacité des mesures que nous vous proposons, et que nécessitent les imprudences d'un certain nombre de conducteurs d'automobiles. Si l'expérience montrait malheureusement l'inefficacité de ces premières dispositions, le gouvernement serait obligé de recourir, avec un système d'immatriculation générale de tous les automobiles, sans distinction, aux mesures plus rigoureuses qu'exigerait la sécurité de la circulation publique sur les routes.

Nous vous prions d'agréer, monsieur le Président, l'assurance de notre profond respect.

Le président du conseil,
ministre de l'intérieur et des cultes,
WALDECK-ROUSSEAU.

Le ministre des travaux publics,
Pierre BAUDIN.

DÉCRET

Le Président de la République française,

Sur le rapport du ministre de l'intérieur et du ministre des travaux publics,

Vu le décret du 10 mars 1899, portant règlement d'administration publique sur la circulation des automobiles, et notamment les articles 5, 7, 8, 14 et 31 ;

Le conseil d'Etat entendu,

Decrète :

Art. 1er. — Les articles 5, 7, 8 et 31 du décret du 10 mars 1899 sont modifiés ainsi qu'il suit :

1° Le paragraphe 2 de l'article 5 sera rédigé de la façon suivante :

« Les automobiles dont le poids à vide excède 350 kilogr. seront munis de dispositifs permettant la marche en arrière. »

2° Au paragraphe 3 de l'article 7 sera ajoutée la phrase suivante :

« Le certificat devra spécifier le maximum de vitesse que l'automobile est capable d'atteindre en palier. »

3° Au même article sera ajouté un avant-dernier paragraphe ainsi conçu :

« Si l'automobile est capable de marcher en palier à une vitesse supérieure à 30 kilomètres à l'heure, il sera pourvu de deux plaques d'identité, portant un numéro d'ordre, à l'avant et à l'arrière du véhicule. Le ministre des travaux publics fixera le modèle de ces plaques, leur mode de pose et leur mode d'éclairage pendant la nuit ; il fixera également le mode d'attribution aux intéressés des numéros d'ordre. »

4° Il sera ajouté à l'article 8 un second paragraphe ainsi conçu :

« Le récépissé de la déclaration indiquera le numéro d'ordre assigné au véhicule, ou spécifiera qu'il n'est pas assujetti à porter les plaques visées dans l'article précédent. »

5° L'article 31 sera rédigé comme suit :

« Les courses de voitures automobiles dont le parcours ne comprendra qu'un seul département ne pourront avoir lieu sur la voie publique sans une autorisation spéciale du préfet, sur l'avis des chefs de service de voirie et avec l'agrément des maires des communes traversées. »

Lorsque le parcours d'une course comprendra plusieurs départements, l'autorisation sera délivrée par le ministre de l'intérieur, sur l'avis des préfets des départements traversés, donné avec les mêmes formalités que ci-dessus.

La vitesse pourra excéder celle de 30 kilomètres à l'heure en rase campagne ; elle ne pourra en aucun cas dépasser celle de 20 kilomètres à l'heure dans les agglomérations.

Les frais de surveillance et autres occasionnés à l'administration par la course seront supportés par les organisateurs de celle-ci, qui devront déposer à cet effet une consignation préalable.

Art. 2. — Les propriétaires d'automobiles déjà déclarés devront, dans un délai de deux mois, se mettre en instance auprès de l'administration pour faire compléter leur récépissé de déclaration conformément à l'article 8 modifié du décret du 10 mars 1899, en fournissant toutes les justifications nécessaires.

Le constructeur de l'automobile déjà déclaré sera tenu de compléter le certificat remis par lui à un acheteur pour y spécifier le maximum de vitesse que l'automobile est capable d'atteindre en palier. A partir du jour où le récépissé complété aura été remis par les soins du préfet au propriétaire de l'automobile, ce dernier devra, dans un nouveau délai d'un mois, faire apposer, s'il y a lieu, sur son véhicule les plaques prévues par l'article 7.

Art. 3. — Le ministre de l'intérieur et le ministre des travaux publics sont chargés, chacun en ce qui le concerne, de l'exécution du présent décret, qui sera publié au *Journal officiel* et inséré au *Bulletin des lois*.

Fait à Paris, le 10 septembre 1901.

EMILE LOUBET.

Par le Président de la République :

Le président du conseil,
ministre de l'intérieur et des cultes,
WALDECK-ROUSSEAU.

Le ministre des travaux publics,
Pierre BAUDIN.

Le ministre des travaux publics,

Vu le décret du 10 mars 1899, modifié par celui du 10 septembre 1901, et notamment l'article 7, avant-dernier paragraphe, ainsi conçu :

« Si l'automobile est capable de marcher en palier à une vitesse supérieure à 30 kilomètres à l'heure, il sera pourvu de deux plaques d'identité, portant un numéro d'ordre, qui devront toujours être placées en évidence à l'avant et à l'arrière du véhicule. Le ministre des travaux publics fixera le modèle de ces plaques, leur mode de pose et leur mode d'éclairage pendant la nuit ; il fixera également le mode d'attribution aux intéressés des numéros d'ordre » ;

Sur la proposition du directeur des routes, de la navigation et des mines,

Arrête :

Art. 1er. — Les numéros d'ordre à attribuer aux automobiles capables de marcher en palier à une vitesse supérieure à 30 kilomètres à l'heure seront fixés par l'ingénieur en chef des mines de chaque arrondissement minéralogique.

Le numéro sera porté sur le récépissé de déclaration à remettre à l'intéressé.

Art. 2. — Ce numéro d'ordre sera formé d'un groupe de chiffres arabes suivi de lettres majuscules romaines caractéristiques du service de l'ingénieur en chef.

Le numéro sera reproduit sur les plaques d'identité en caractères blancs sur fond noir, avec les dimensions suivantes :

Hauteur des chiffres ou lettres : plaque avant, 75^{mm} ; plaque arrière 100^{mm}.

Largeur uniforme du trait : plaque avant, 12^{mm} ; plaque arrière 15^{mm}.

Largeur du chiffre ou de la lettre : plaque avant, 45^{mm} ; plaque arrière 60^{mm}.

Espace libre entre les chiffres et les lettres : plaque avant, 30^{mm} ; plaque arrière, 35^{mm}.

Hauteur de la plaque : plaque avant, 100mm ; plaque arrière, 120mm.

Le groupe des chiffres sera séparé des lettres par un trait horizontal placé à moitié hauteur de la plaque, avec les dimensions suivantes :

Largeur (sens vertical) : plaque avant, 12mm ; plaque arrière, 15mm.

Longueur (sens horizontal) : plaque avant, 45mm ; plaque arrière, 60mm.

Espace libre entre le trait et les chiffres ou lettres : plaque avant, 30mm; plaque arrière, 35mm.

Art. 3. — Les plaques seront placées de façon à être toujours en évidence dans des plans verticaux perpendiculaires à l'axe longitudinal du véhicule, l'axe de la plaque étant autant que possible sur cet axe longitudinal.

Art. 4. — La plaque d'arrière sera éclairée pendant la nuit par réflexion avec une intensité qui permette de lire le numéro d'ordre aux mêmes distances que le jour.

Toutefois, on pourra, pendant la nuit, substituer à la plaque d'arrière une lanterne qui éclairera par transparence un verre laiteux recouvert d'une plaque ajourée, de manière que les caractères constituant le numéro se détachent en clair sur fond obscur, avec les mêmes dimensions que celles indiquées à l'article 2.

Paris, le 11 septembre 1901.

Pierre BAUDIN.

Le Ministre des travaux publics
à M. le préfet d

Paris, le 11 septembre 1901.

Le *Journal officiel* vient de publier le décret du 10 septembre 1901, modifiant celui du 10 mars 1899 sur les automobiles, avec l'arrêté que j'ai pris à la date du 11 septembre courant pour compléter cette nouvelle réglementation.

Le rapport qui précède le décret du 10 septembre 1901 a fait connaître les motifs qui ont amené le gouvernement à le promulguer; je viens, par cette circulaire, vous donner les instructions nécessaires à son application.

1. Comme pour le règlement originaire du 10 mars 1899, les nouvelles dispositions s'appliquent à tous les automobiles sans distinction des types, aux motocycles comme aux voiturettes et voitures.

2. La nouvelle réglementation astreint tout automobile capable de marcher en palier à une vitesse de plus de 30 kilomètres à l'heure à être immatriculé par un numéro d'ordre qui lui sera spécial et caractéristique sur des registres tenus par les ingénieurs en chef des mines du service ordinaire.

Ce numéro d'ordre sera formé d'un nombre en chiffres arabes suivi d'une ou plusieurs lettres en majuscules romaines, distinctives de l'arrondissement minéralogique. Le groupe des chiffres arabes et celui des lettres seront séparés l'un de l'autre par un trait horizontal. Le numéro d'ordre ainsi constitué devra être, par les soins et sous la responsabilité du propriétaire de l'automobile, placé en évidence, tant à l'avant qu'à l'arrière du véhicule, en caractères qui se détacheront en blanc sur fond noir sur des plaques ayant la forme, les dimensions et le mode de pose spécifiés à l'arrêté ministériel du 11 septembre 1901.

La nuit, le numéro d'ordre d'arrière devra être éclairé. On pourra à cet effet, soit éclairer par réflexion la plaque employée pendant le jour, soit substituer à celle-ci une lanterne disposée comme le porte l'arrêté : le choix des moyens est laissé aux intéressés.

La lecture du numéro d'ordre rendue ainsi possible à distance, qu'il fasse jour ou non, constituera l'un des éléments utiles pour identifier les conducteurs d'automobiles qui se rendraient coupables de contraventions.

D'autre part, c'est la responsabilité du constructeur que le règlement met en jeu pour l'indication de la vitesse maximum à laquelle l'automobile est capable de marcher en palier, ainsi qu'il sera expliqué au paragraphe 4.

3. Pour l'application de ce nouveau régime, on doit distinguer, au point de vue de la procédure, les automobiles à mettre en service dans l'avenir, et ceux déjà en service et déclarés en conformité du décret du 10 mars 1899.

On examinera successivement ce qui concerne ces deux catégories de véhicules.

4. Dans le système du règlement du 10 mars 1899, pour qu'un automobile

puisse être mis en service, il faut tout d'abord que le type auquel il appartient ait été reconnu par le service des mines satisfaire aux articles 2 et 6 dudit décret. Cette reconnaissance se fait conformément aux indications des paragraphes 4 et 9 de la circulaire ministérielle du 10 avril 1899. Un des éléments primordiaux de cette procédure est la note descriptive que le constructeur doit reproduire au service des mines, et dont une copie, accompagnée du procès-verbal de ce service, doit être remise à tout acquéreur d'automobile.

« Une demande de reconnaissance de type n'est recevable, dit la circulaire du 10 avril 1899, paragraphe 5, dernier alinéa, qu'accompagnée, en double expédition, d'une note descriptive suffisamment complète et précise, conformément aux règles ci-dessus de ladite circulaire. »

Déjà, l'une de ces règles était que la note descriptive donnait des indications sur les vitesses des véhicules appartenant au type décrit. Mais cette indication doit prendre dorénavant une importance spéciale. Une note descriptive ne devra plus être considérée comme suffisamment complète et précise que si elle énonce d'une manière formelle la vitesse maximum que les véhicules du type seront capables d'atteindre en palier, et si elle détaille pour chaque cran de marche les rapports successifs de démultiplication, depuis le moteur jusqu'aux roues motrices, dont elle devra d'ailleurs indiquer le diamètre ; ces diverses données sont nécessaires à la définition complète du type, elles fixent les éléments des relations qui peuvent être établies entre la vitesse angulaire du moteur et la vitesse de marche de l'automobile.

Le maximum de vitesse de marche susceptible d'être réalisé en palier est inscrit dans la note descriptive sous l'entière responsabilité du conducteur. Les vérifications du service des mines, faites sur un exemplaire unique de chaque type, ont pour but de reconnaître si le type satisfait aux articles 2 à 6 du décret du 10 mars 1899, qui ne stipulent rien sur la vitesse.

Toutefois, si le service des mines venait à reconnaître, soit au cours desdites vérifications, soit de toute autre manière, qu'un type déclaré comme ne pouvant dépasser la vitesse de 30 kilomètres à l'heure en palier est en réalité capable de dépasser notablement cette vitesse, il devrait considérer la note descriptive comme manifestement entachée d'inexactitude, et, par suite, comme non recevable.

5. Sans qu'il soit besoin de revenir sur la définition du type donnée au paragraphe 5 de la circulaire du 10 avril 1899, il va de soi qu'on devra considérer comme appartenant à des types différents des véhicules qui, toutes autres choses

analogues, différeraient sensiblement par la vitesse maximum qu'ils seraient capables de prendre en palier.

6. L'attribution d'un numéro d'immatriculation n'a pas besoin de faire l'objet d'une demande spéciale de l'intéressé, en tant qu'ils s'agit d'un automobile non encore mis en service, et par suite non encore déclaré.

Cette attribution suivra naturellement la déclaration que l'intéressé doit continuer à vous adresser conformément aux indications du paragraphe 10 de la circulaire du 10 avril 1899.

A cette déclaration doit être, en effet, annexée, comme le prescrit cette circulaire, la copie du procès-verbal délivré par le constructeur, copie qui, on l'a rappelé, reproduit nécessaîrement la note descriptive, et par suite, contient les indications voulues sur la vitesse maximum.

Mais désormais, par modification aux

dispositions de la circulaire du 10 avril 1899, vous ne délivrerez plus de récépissé de déclaration aux intéressés que lorsque ce récépissé vous aura été retourné par l'ingénieur en chef des mines, après visa par lui, en ce qui concerne l'immatriculation éventuelle du véhicule.

Sur le vu de la déclaration et de ses annexes, l'ingénieur en chef des mines inscrit la mention d'immatriculation à l'endroit à ce destiné sur le modèle du nouveau récépissé.

Si le véhicule est capable de marcher à plus de 30 kilomètres à l'heure en palier, on porte le numéro attribué au véhicule sur le registre spécial de l'arrondissement minéralogique ; au cas contraire, on inscrit à la place du numéro la mention « Néant ».

L'ingénieur en chef tient pour tout son arrondissement minéralogique un « registre d'immatriculation des automobiles capables de marcher à plus de

30 kilomètres à l'heure », dont traite le paragraphe 10 de la circulaire du 10 avril 1899.

Le numéro d'immatriculation devra toutefois être porté désormais sur les registres de déclaration.

Il sera fait sur le registre une entrée par automobile immatriculé, donnant :

1° Le numéro d'immatriculation (nombre, lettre romaine caractéristique) ;

2° Les noms et prénoms du propriétaire ;

3° Son domicile ;

4° Les nom et adresse du constructeur ;

5° L'indication du type ;

6° Le numéro d'ordre dans la série du type ;

7° La date du procès-verbal de reconnaissance du service des mines ;

8° Le numéro du registre de l'ingénieur de qui il émane ;

9° Le sous-arrondissement minéralogique.

Vous continuerez à vous approvisionner directement auprès de l'administration centrale des récépissés de déclaration nécessaires à votre département.

Vous vous entendrez avec l'ingénieur en chef des mines sur les conditions dans lesquelles les récépissés seront remplis et remis aux intéressés.

Je vous recommande d'une façon toute spéciale, ainsi qu'au service des mines, de vous efforcer de perdre le moins de temps possible, de façon que, malgré les nouvelles formalités, les intéressés puissent recevoir leurs récépissés dans le plus bref délai.

7. Dans le cas prévu au paragraphe 8 de la circulaire du 10 avril 1899, où il ne s'agit plus d'un type de constructeur à reconnaître, mais d'un véhicule isolé, la note descriptive devra toujours contenir, sous la responsabilité de son au-

teur, la mention de la vitesse maximum, sous peine de ne pouvoir être acceptée par le service des mines.

8. En vue de faciliter la lecture des numéros sur les automobiles et de retrouver plus aisément leur propriétaire, il est attribué, pour l'immatriculation, des lettres caractéristiques aux divers arrondissements minéralogiques, conformément aux indications ci-dessous :

Alais, A ;
Arras, R ;
Bordeaux, B ;
Chalon-sur-Saône, C ;
Chambéry, H ;
Clermont-Ferrand, F ;
Douai, D ;
Le Mans, L ;
Marseille, M ;
Nancy, N ;
Poitiers, P ;
Rouen, Y ou Z ;
Saint-Etienne, S ;

Toulouse, T ;
Paris, E, G, I, U, Y.

On ne porte sur les registres d'immatriculation que les automobiles capables de marcher en palier à une vitesse de plus de 30 kilomètres à l'heure.

Les immatriculations doivent être faites d'une façon strictement continue.

Le numéro d'immatriculation se compose d'un nombre qui, provisoirement, ne dépassera pas trois chiffres, suivi de la lettre affectée à l'arrondissement. Les arrondissements de Paris et de Rouen (Versailles) agiront ainsi successivement avec les diverses lettres qui leur sont affectées.

9. Pour les automobiles déjà déclarés, le propriétaire de chacun de ces véhicules doit déposer le récépissé de déclaration à la préfecture d'où émane ce récépissé.

Si la note descriptive précédant le

procès-verbal du service des mines sur le vu duquel le récépissé a été délivré spécifie le maximum de vitesse susceptible d'être atteint par les véhicules appartenant au type décrit, cette indication pourra être prise, d'accord avec le propriétaire de l'automobile, pour base de la suite à donner : suivant que ce maximum sera ou non supérieur à 30 kilomètres à l'heure, le véhicule sera considéré comme astreint ou non à l'immatriculation, et il sera procédé comme ci-dessus pour attribuer un numéro d'ordre au véhicule ou pour l'en déclarer exempt.

Si, au contraire, cette indication ne figurait pas sur la note descriptive du type, ou si le propriétaire de l'automobile entendait contester la légitimité de son application au cas particulier de son véhicule, ledit propriétaire devrait produire le certificat complémentaire du constructeur que celui-ci est tenu de fournir aux termes de l'article 3 du décret.

Dans le cas où, depuis la construction de l'automobile, le constructeur aurait disparu, il appartient à l'ingénieur en chef des mines d'apprécier, pour chaque espèce, les justifications produites par le propriétaire de l'automobile.

Tout ancien récépissé de déclaration ainsi déposé et complété, s'il y a lieu, par la production des justifications nécessaires, sera, par les soins de l'ingénieur en chef des mines, frappé à l'intérieur, au bas, à gauche, d'un timbre spécial où l'on portera soit le numéro d'immatriculation assigné au véhicule, soit la mention « Néant ».

Les automobiles déjà déclarés seront portés au « registre d'immatriculation » et numérotés sans distinction avec les véhicules nouveaux.

Vous aurez soin, en conformité de l'article 2, d'indiquer sur le récépissé, par une mention explicite ainsi libellée : « Récépissé complété, remis le... », la date à laquelle la remise est faite à l'intéressé.

10. L'ingénieur en chef des mines répondra à toutes les demandes de renseignements qui lui seront adressées par les autorités administratives ou judiciaires en fournissant des extraits certifiés conformes du « registre d'immatriculation ».

Au reste, en ayant soin de reproduire le numéro d'immatriculation sur les « registres de déclaration » tenus en vertu du décret du 10 mars 1899, vous aurez déjà dans votre préfecture des moyens vous permettant d'identifier les automobiles par leurs numéros.

11. Comme l'a déjà fait remarquer la circulaire du 10 avril 1899, paragraphe 16, il n'existe pas de service technique qui ait compétence spéciale pour constater les contraventions des constructeurs et propriétaires d'automobiles aux dis-

positions des décrets des 10 avril 1899 et 10 septembre 1901. Les contraventions ne peuvent être constatées que par les officiers de police judiciaire, tels que les maires, commissaires de police, etc.

Ces fonctionnaires trouveront toutefois dans les nouvelles dispositions des facilités particulières pour relever les exagérations de vitesse contre lesquelles il importe de réagir.

Désormais, le récépissé de déclaration, sans lequel aucun véhicule ne peut circuler (art. 12), doit porter une mention indiquant que le véhicule ne peut circuler en palier à plus de 30 kilomètres à l'heure ou, dans le cas contraire, donnant son numéro d'immatriculation ; et, dans ce cas, le véhicule doit être muni de ses plaques d'identité.

A raison de l'importance de cette mesure, il convient que les maires et commissaires de police, d'après les indications complémentaires que vous jugeriez bon de leur donner, procèdent de temps en temps à cette vérification, de façon que l'on ait l'assurance que tout véhicule qui doit être muni de ces plaques les a effectivement.

Je vous prie de vouloir bien m'accuser réception de cette circulaire, dont j'envoie directement ampliation aux ingénieurs des mines.

Pierre BAUDIN.

OBSERVATIONS.

Aux termes de la circulaire de M. le ministre des travaux publics en date du 10 avril 1899, paragraphe 16, les contraventions aux dispositions nouvelles édictées par le décret du 10 mars 1899 ne peuvent être constatées que par des officiers de police judiciaire (maires, commissaires de police, etc.), en attendant les lois à intervenir à cet égard (art. 33 du décret).

Les autres agents n'ont qualité pour verbaliser qu'en vertu des règlements sur la police du roulage (art. 29).

TABLE

Pages.

Décret du 10 mars 1899 5

Circulaire du Ministre des travaux publics du 10 avril 1899 22

Annexes et modèles 53

Décret du 25 juillet 1899 57

Décret du 10 septembre 1901 59

Arrêté du Ministre des travaux publics du 11 septembre 1901 72

Circulaire du Ministre des travaux publics du 11 septembre 1901 76

Observations 94

Paris et Limoges. — Imp. milit. Henri CHARLES-LAVAUZELLE.

www.ingramcontent.com/pod-product-compliance
Lightning Source LLC
LaVergne TN
LVHW020417230826
846091LV00004B/1301